NUMBER
AND
LETTER
TRACING PRACTICE BOOK
FOR
PRESCHOOLER

C E 3 A D 2

this book belongs to:

_____
- -
_____

_____

Alphabet

LEARN TO TRACE

A B C D E F G H I J K L M N O P Q R S T U V W X Y Z

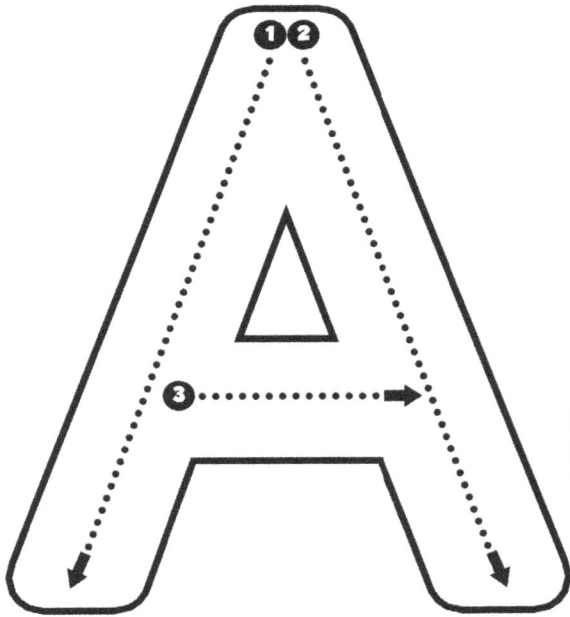

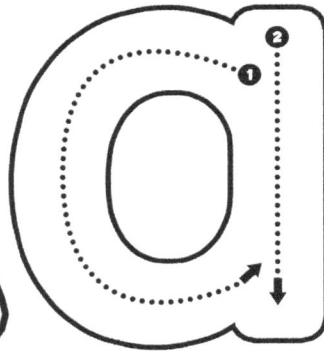

A a

Apple

Apple Apple

A A A A A A A A

a a a a a a a a

A B C D E F G H I J K L M N O P Q R S T U V W X Y Z

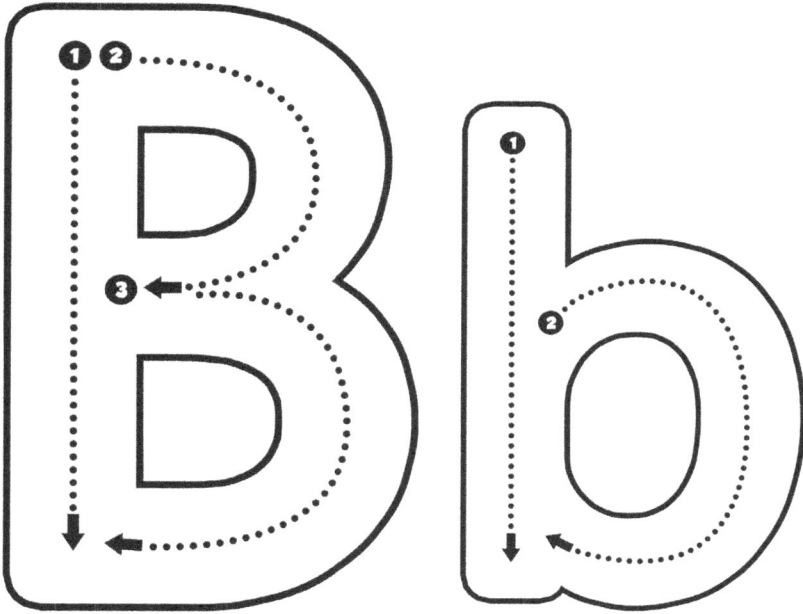

Bird

Bird Bird Bird

B B B B B B B

b b b b b b b

A B **C** D E F G H I J K L M N O P Q R S T U V W X Y Z

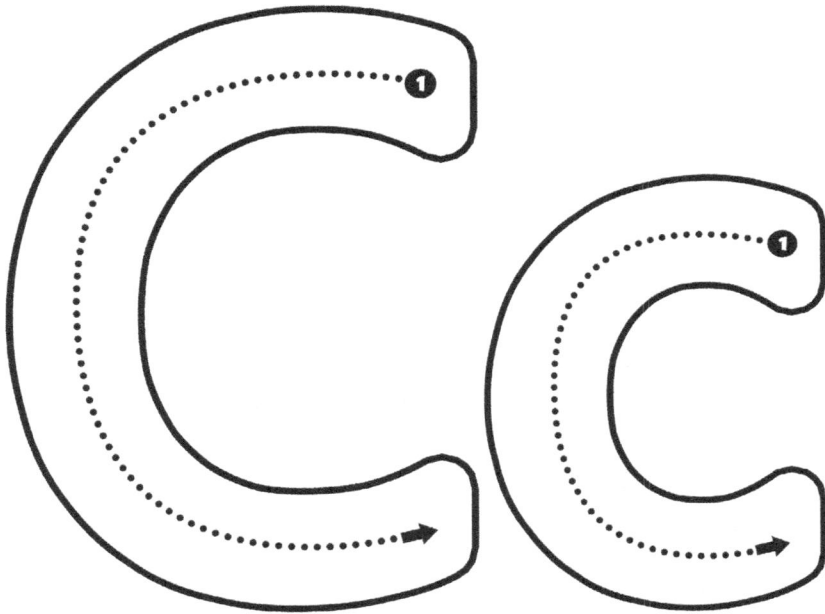

Cake

Cake

C C C C C C C

C C C C C C C

A B C **D** E F G H I J K L M N O P Q R S T U V W X Y Z

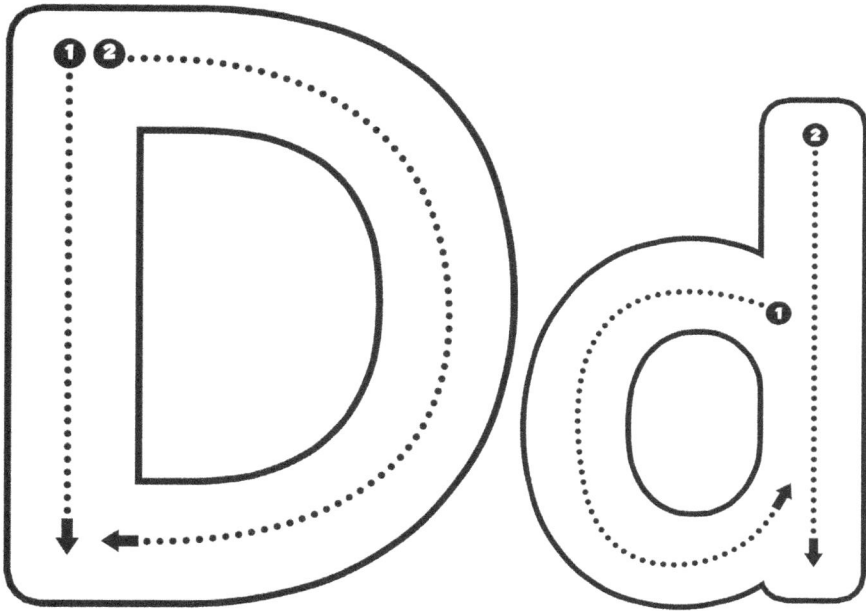

Donut

Donut Donut

D D D D D D D

d d d d d d d

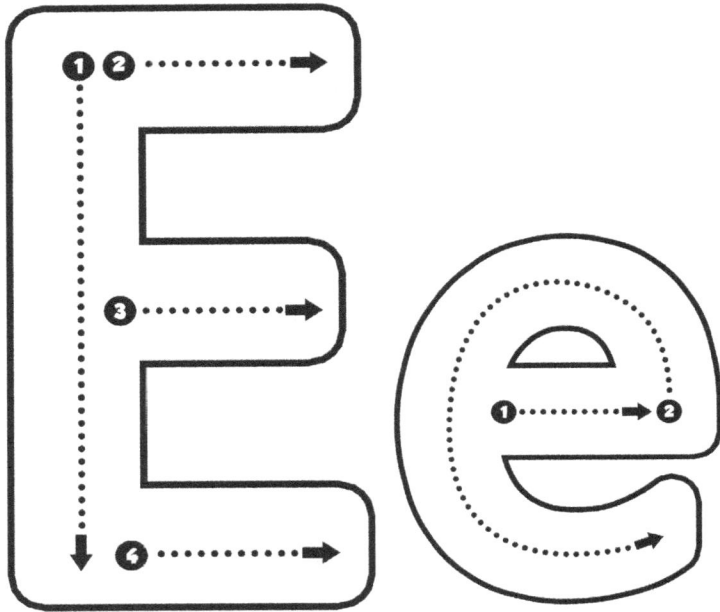

Eagle

Eagle Eagle

E E E E E E E

e e e e e e e

A B C D E **F** G H I J K L M N O P Q R S T U V W X Y Z

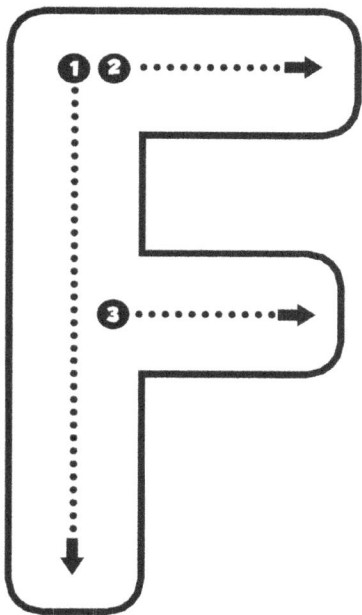

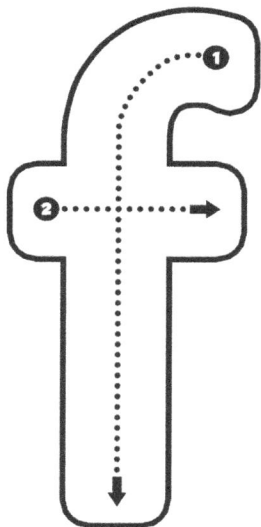

F f

Fish

Fish   Fish   Fish

F F F

f f f

ABCDEF **G** HIJKLMNOPQRSTUVWXYZ

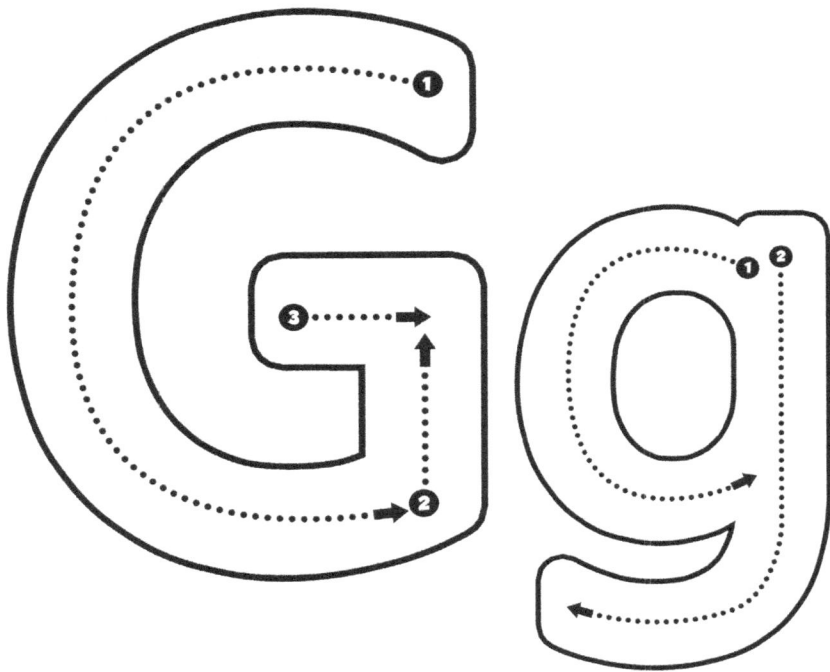

G g

Gift

Gift

G

g

A B C D E F G **H** I J K L M N O P Q R S T U V W X Y Z

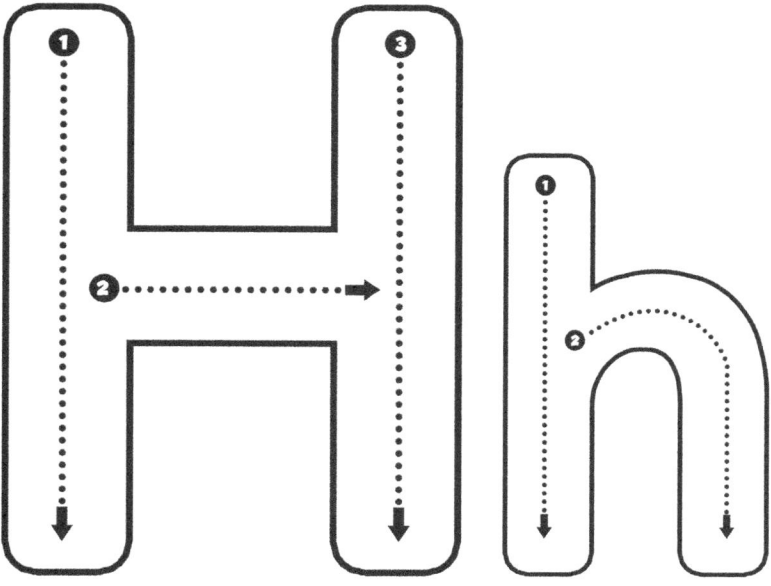

Hh

Hippo

Hippo

H H H

h h h

A B C D E F G H **I** J K L M N O P Q R S T U V W X Y Z

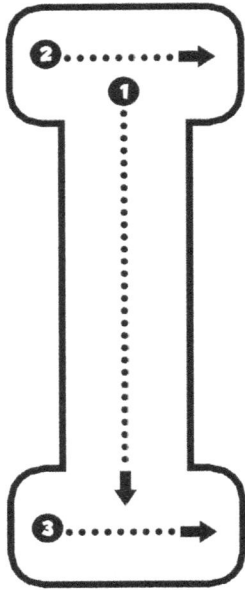 

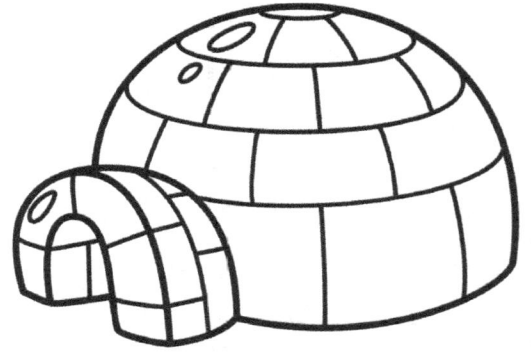

Igloo

I g l o o   I g l o o

I I I   I I I I

i i i   i i i i i

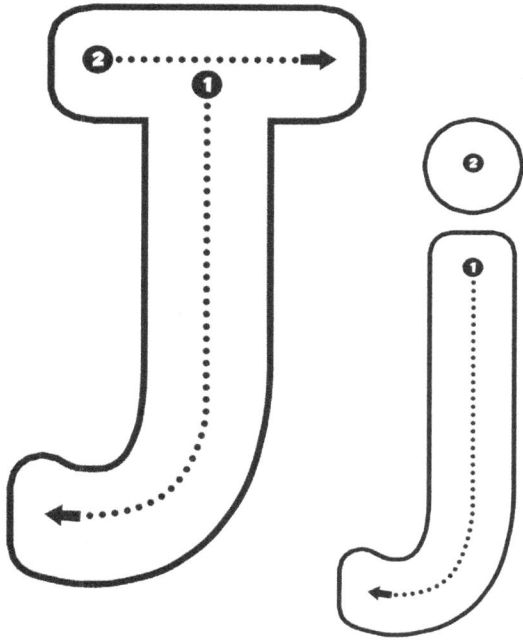

Jellyfish

Jellyfish

J J J ⌐J⌐ ⌐J⌐ ⌐J⌐ ⌐J⌐ ⌐J⌐

j j j j j j j j

A B C D E F G H I J **K** L M N O P Q R S T U V W X Y Z

Kangaroo

Kangaroo

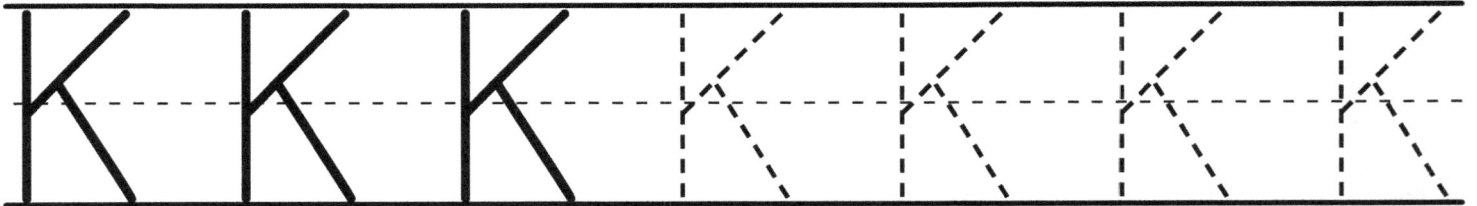

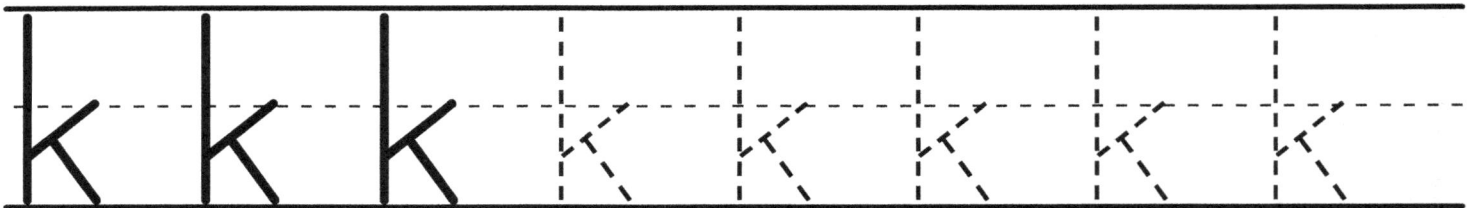

A B C D E F G H I J K **L** M N O P Q R S T U V W X Y Z

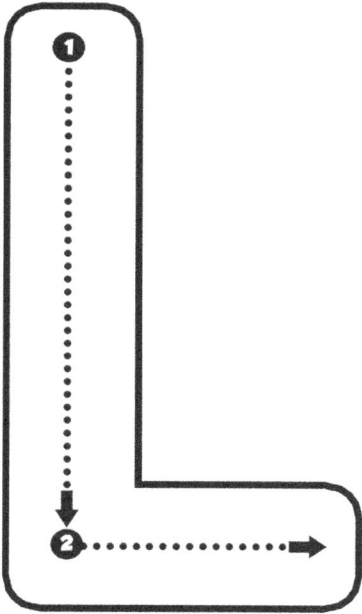

L l

Lion

Lion Lion Lion

L L L

I I I

A B C D E F G H I J K L **M** N O P Q R S T U V W X Y Z

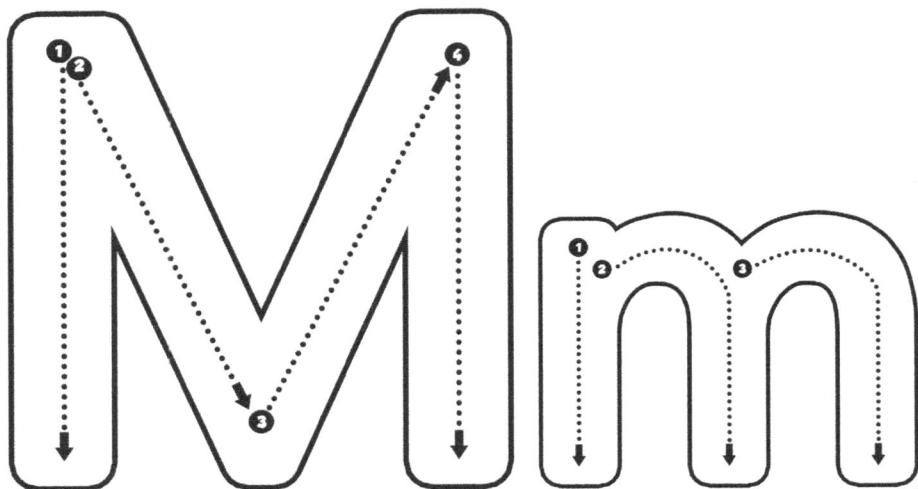

Mouse

Mouse Mouse

M M M M M

m m m m m

A B C D E F G H I J K L M **N** O P Q R S T U V W X Y Z

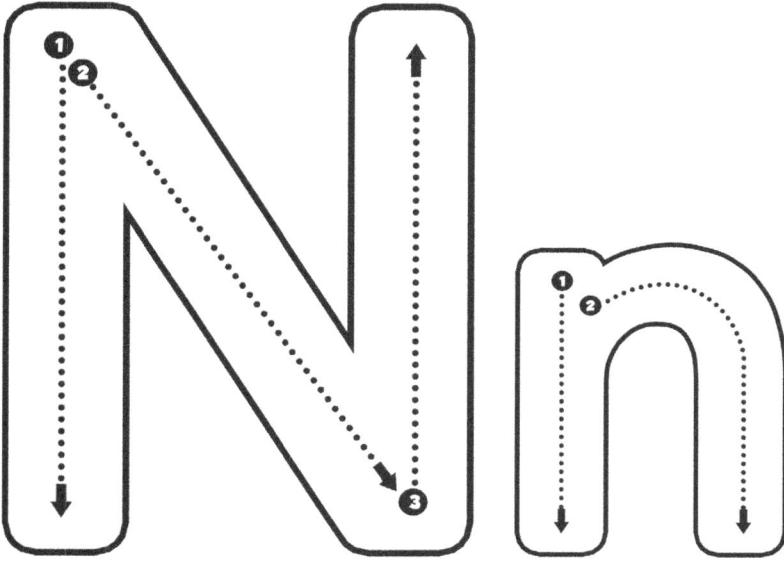

Nest

Nest Nest

N N N N N N N

n n n n n n n

ABCDEF G HIJKLMN**O**PQRSTUVWXYZ

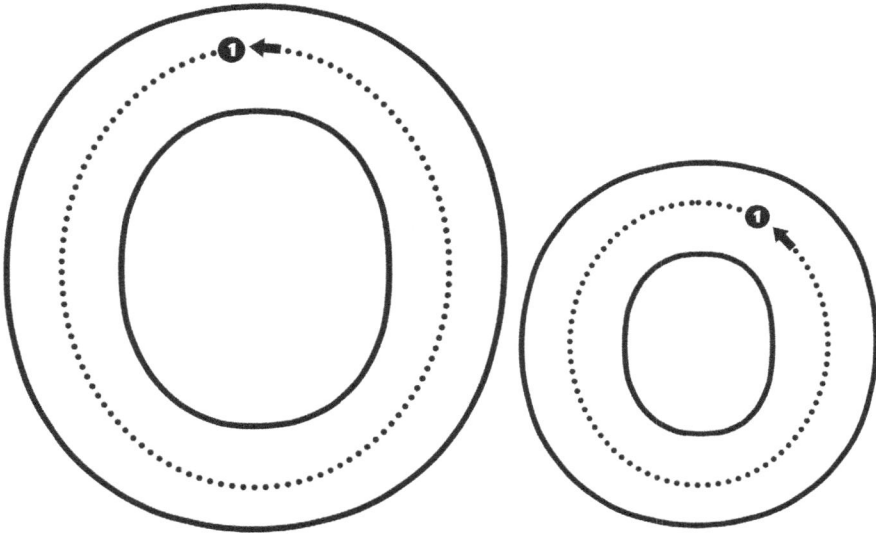

Octopus

Octopus

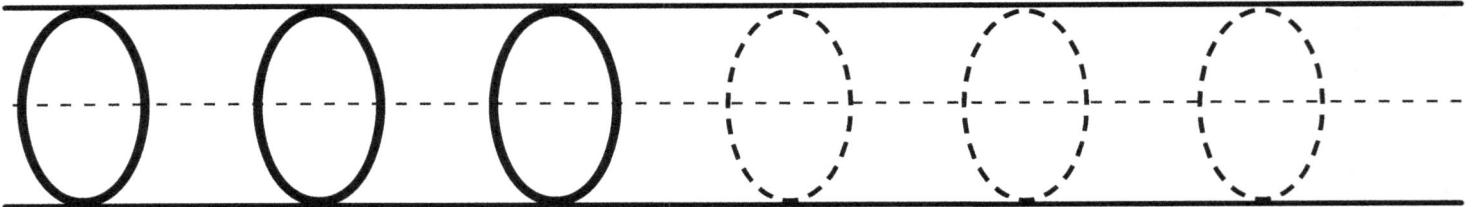

A B C D E F G H I J K L M N O **P** Q R S T U V W X Y Z

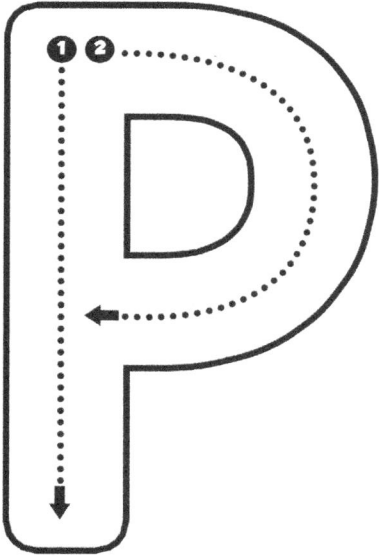

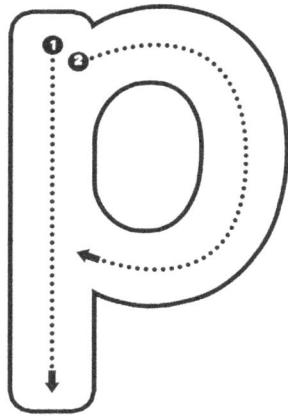

P p

Penguin

Penguin

P P P P P P P P

p p p p p p p p

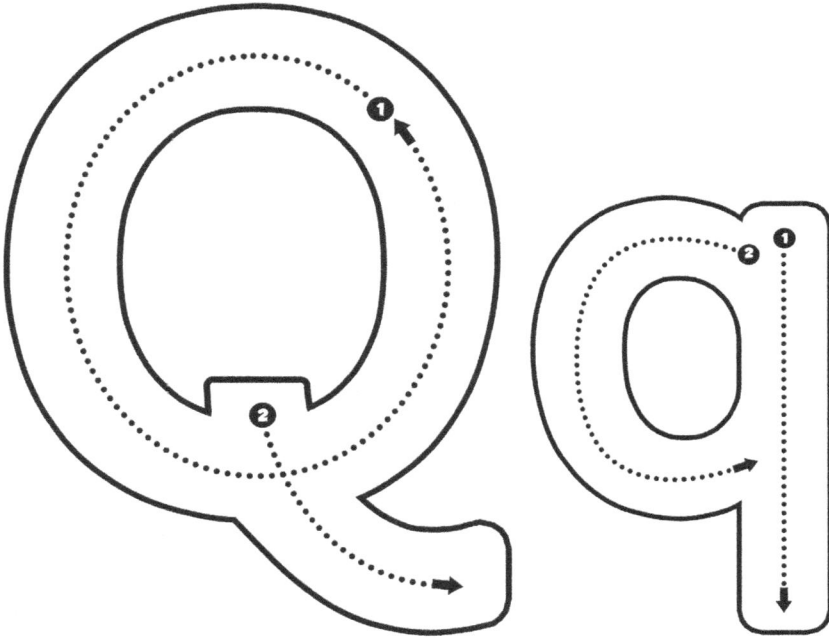

Queen

Queen Queen

Q Q Q Q Q Q

q q q q q q

A B C D E F G H I J K L M N O P Q **R** S T U V W X Y Z

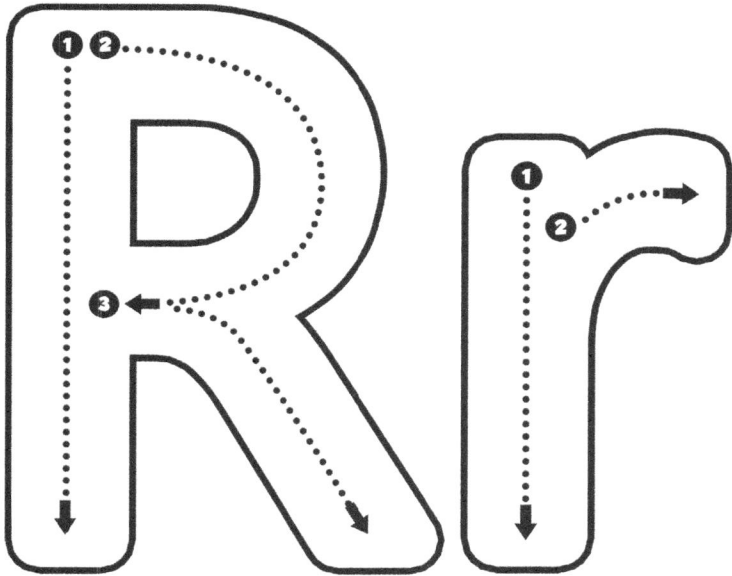

Rhino

Rhino Rhino

R R R R R R R

r r r r r r r

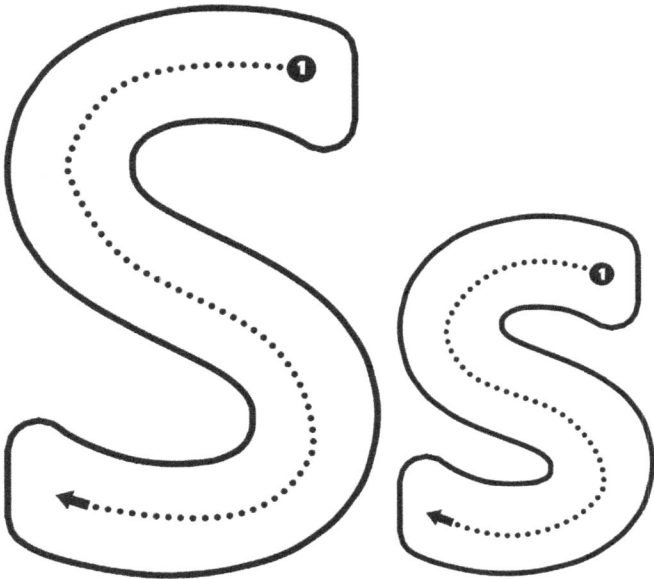

Sun

Sun Sun Sun

S S S S S S

S S S S S S

A B C D E F G H I J K L M N O P Q R S **T** U V W X Y Z

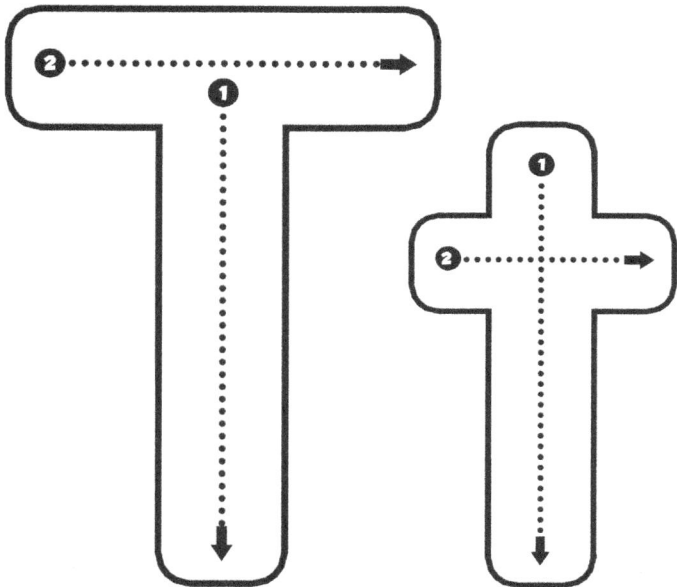

Tornado

Tornado

T T T

t t t

ABCDEFGHIJKLMNOPQRST**U**VWXYZ

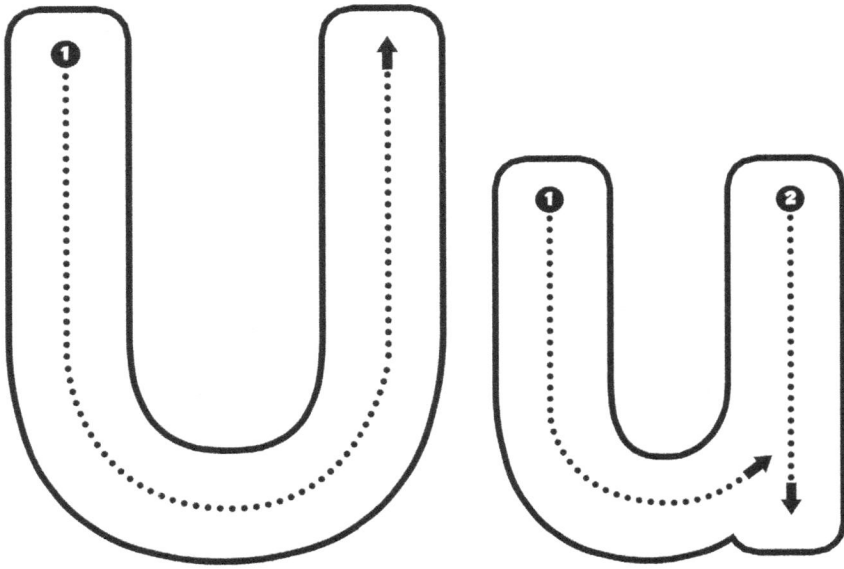

Umbrella

Umbrella

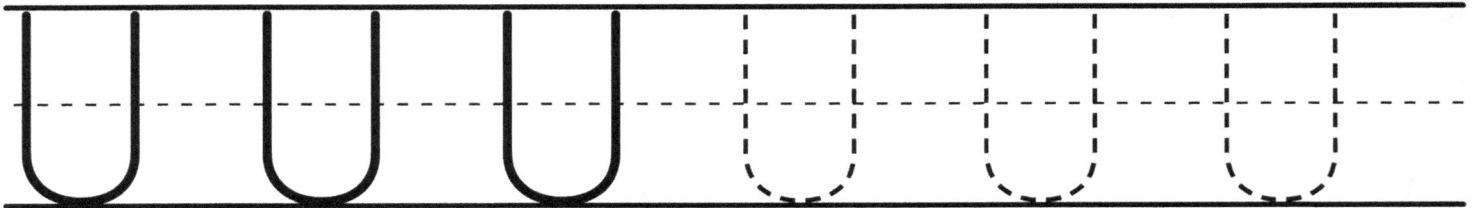

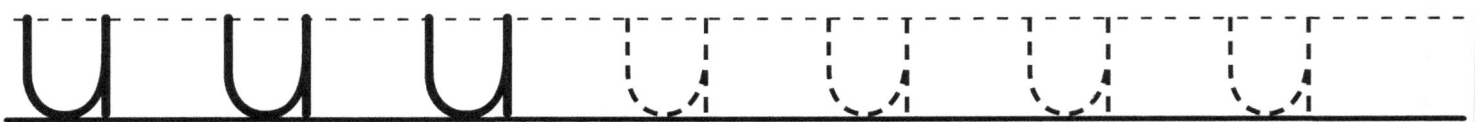

A B C D E F G H I J K L M N O P Q R S T U **V** W X Y Z

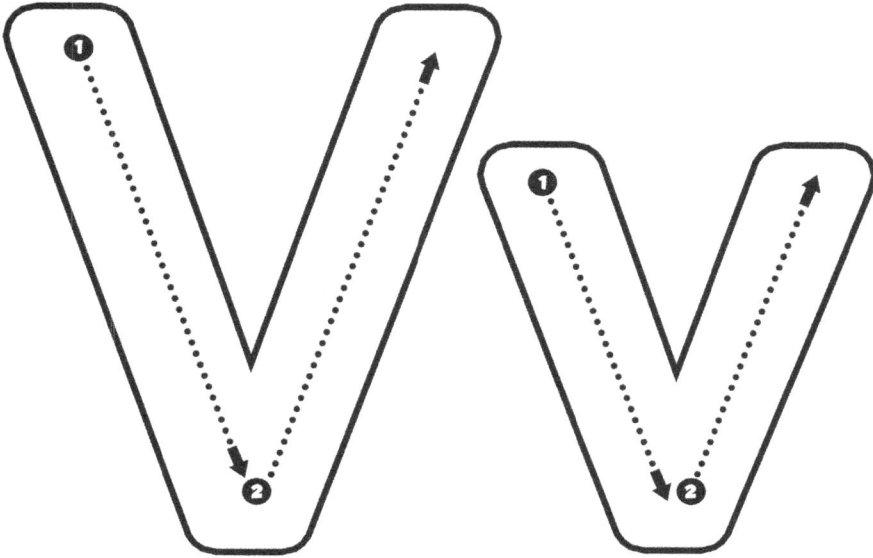

Vv

Violin

Violin   Violin

V V V   V V V V V

V V V   V V V V V

ABCDEFGHIJKLMNOPQRSTUV**W**XYZ

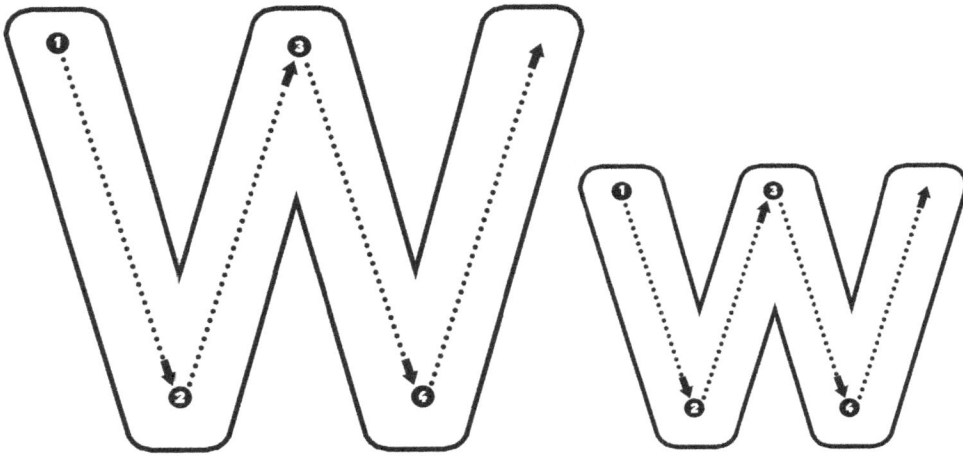

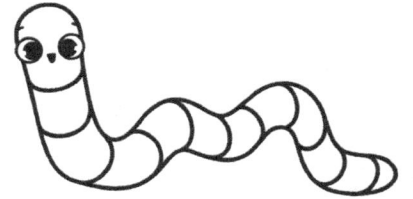

W w

Worm

Worm Worm

W W W W W W W

W W W W W W W W

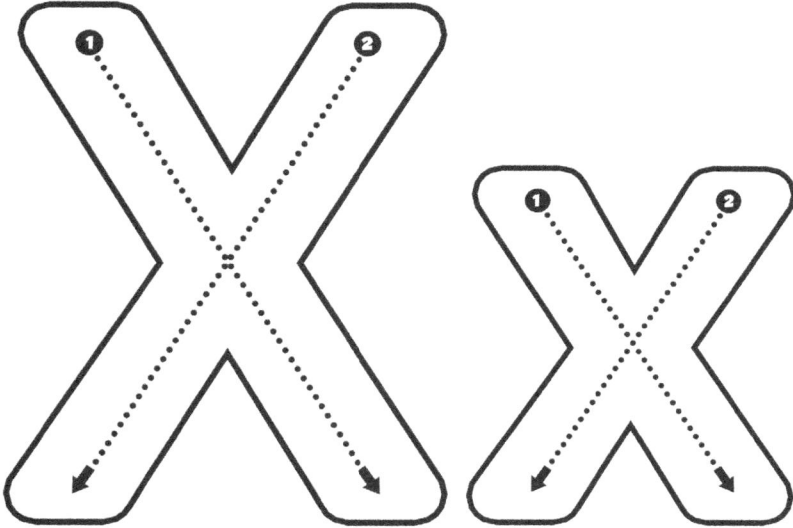

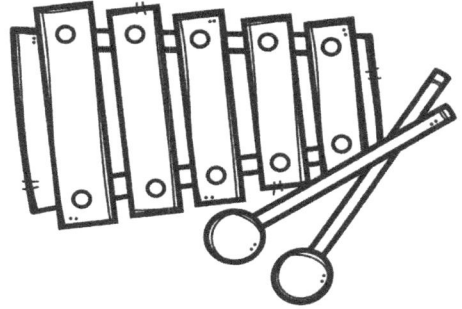

Xylophone

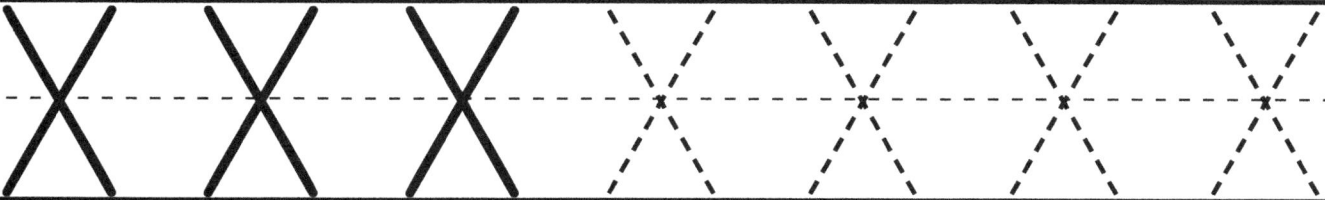

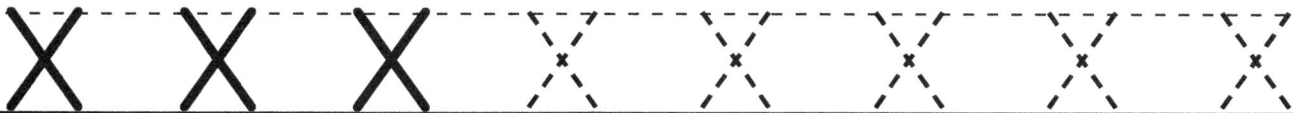

A B C D E F G H I J K L M N O P Q R S T U V W X **Y** Z

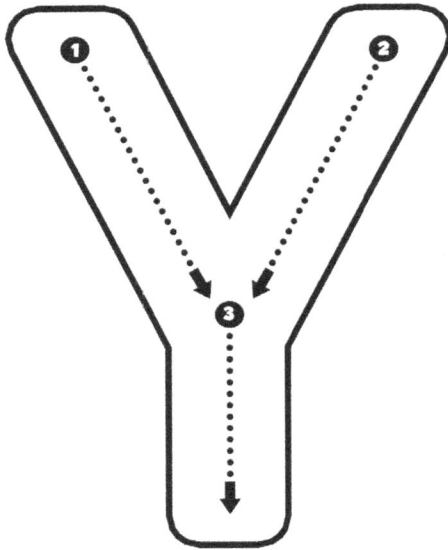 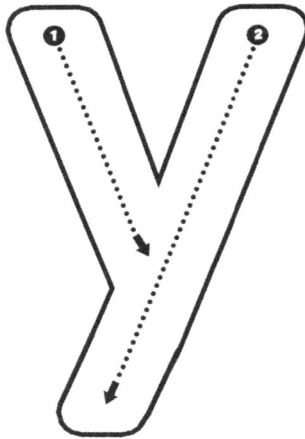

Yarn

Yarn Yarn Yarn

Y Y Y Y Y Y Y

y y y y y y y y

ABCDEFGHIJKLMNOPQRSTUVWXY**Z**

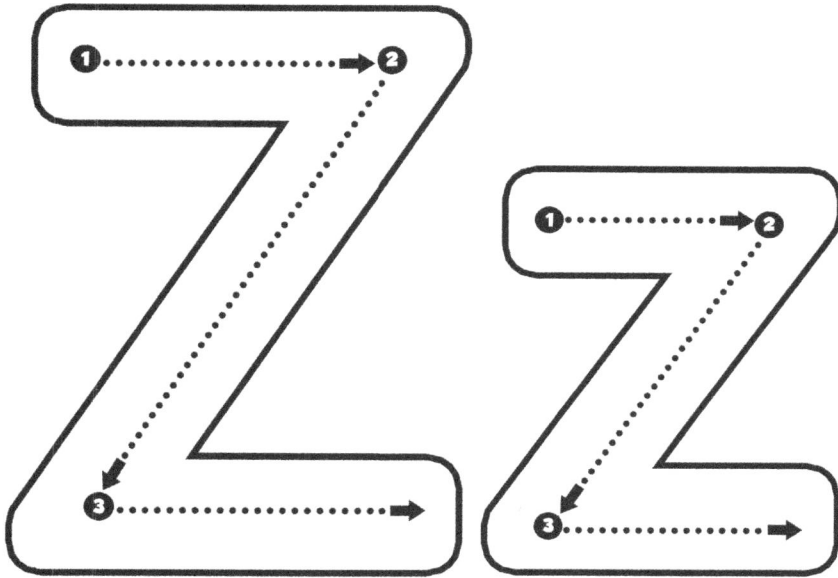

Z z

Zebra

Zebra

Z Z Z

z z z

Numbers

LEARN TO TRACE

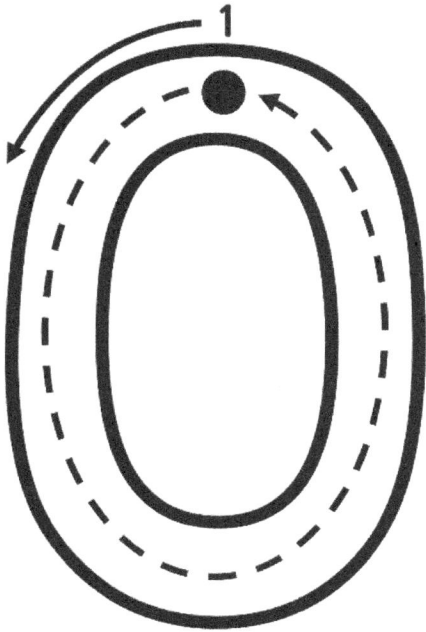

Zero

ZERO ZERO

0 0 0 0 0 0

0 0 0 0 0 0

| 0 | **1** | 2 | 3 | 4 | 5 | 6 | 7 | 8 | 9 | 10 |

One

One One One

1 1 1 1 1 1 1

1 1 1 1 1 1 1

0 1 **2** 3 4 5 6 7 8 9 10

2

Two

Two Two Two

2 2 2 2 2 2 2

2 2 2 2 2 2

0 1 2 **3** 4 5 6 7 8 9 10

Three

Three Three

3 3 3 3 3 3 3

3 3 3 3 3 3

| 0 | 1 | 2 | 3 | 4 | 5 | 6 | 7 | 8 | 9 | 10 |

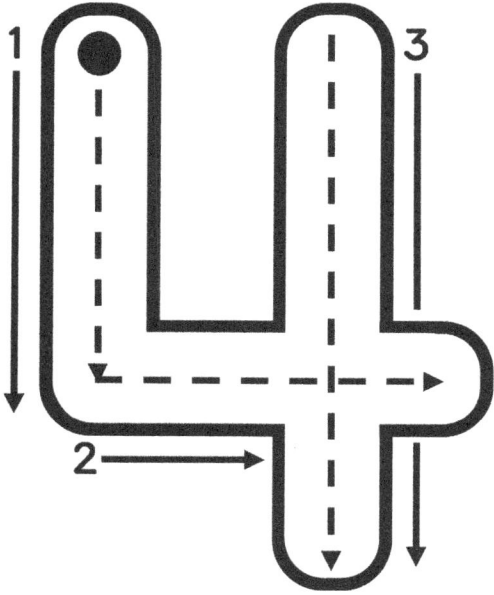

Four

Four Four Four

4 4 4

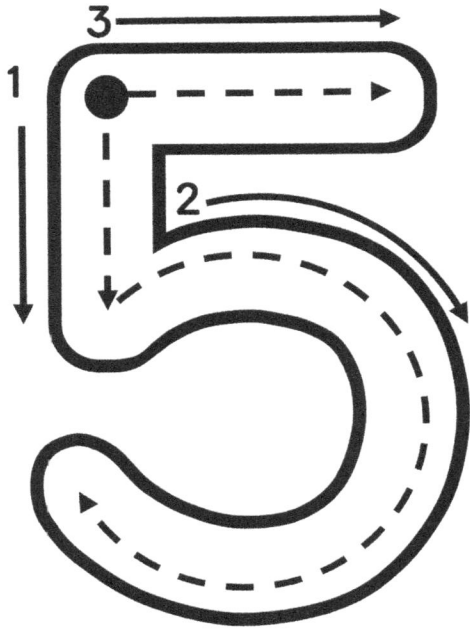

0 1 2 3 4 **5** 6 7 8 9 10

Five

Five Five Five

5 5 5 5 5 5 5

5 5 5 5 5 5 5

0 1 2 3 4 5 **6** 7 8 9 10

Six

Six

6 6 6 6 6 6

6 6 6 6 6 6

0 1 2 3 4 5 6 **7** 8 9 10

1 →

2

Seven

Seven Seven

7 7 7 7 7 7 7

0	1	2	3	4	5	6	7	**8**	9	10

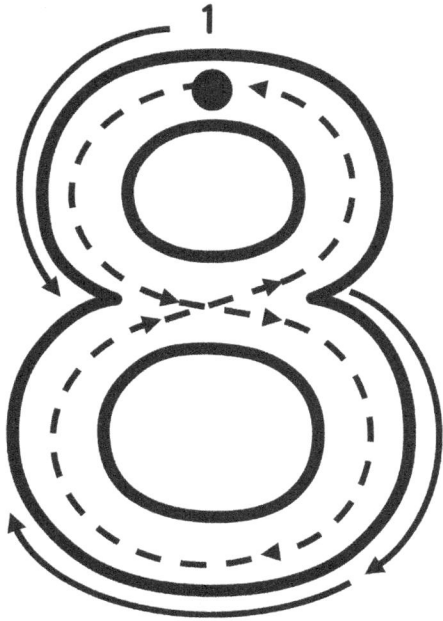

Eight

Eight   Eight

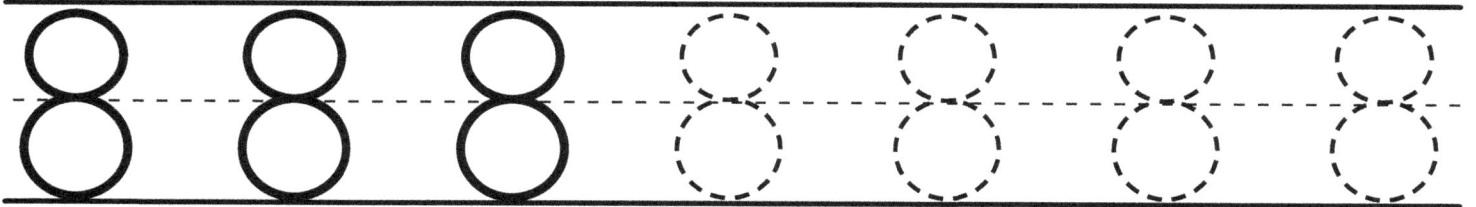

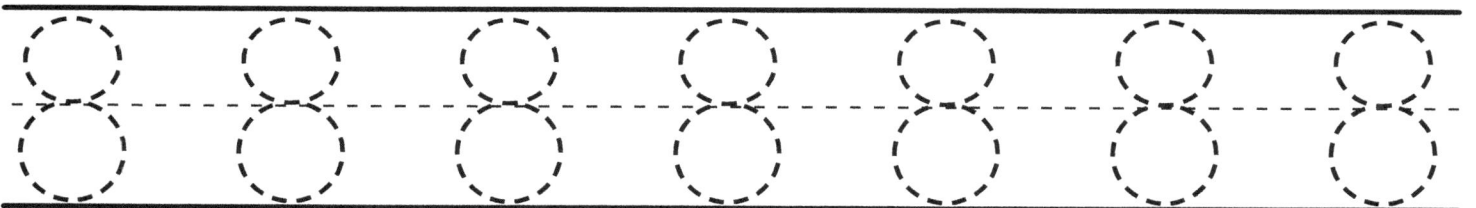

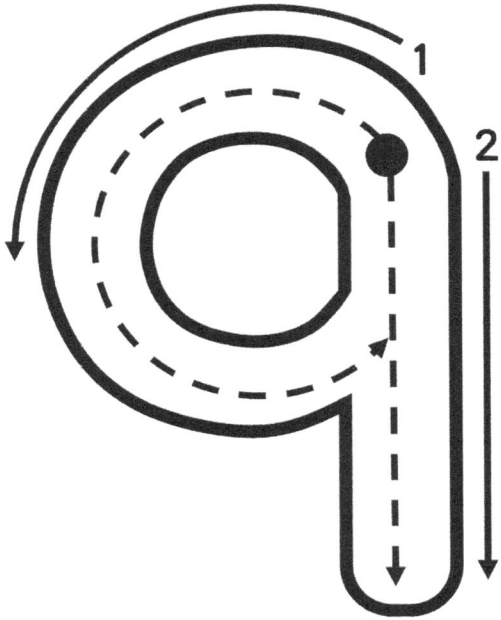

0 1 2 3 4 5 6 7 8 **9** 10

Nine

Nine

Nine

9 9 9 9 9 9 9

9 9 9 9 9 9 9

0 1 2 3 4 5 6 7 8 9 **10**

10

10
Ten

Ten Ten Ten

10 10 10 10

10 10 10 10

Lines & Shapes

LEARN TO TRACE

Trace the lines

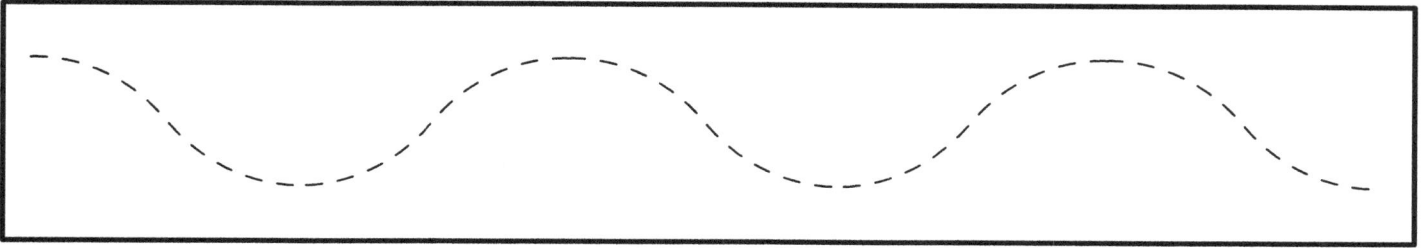

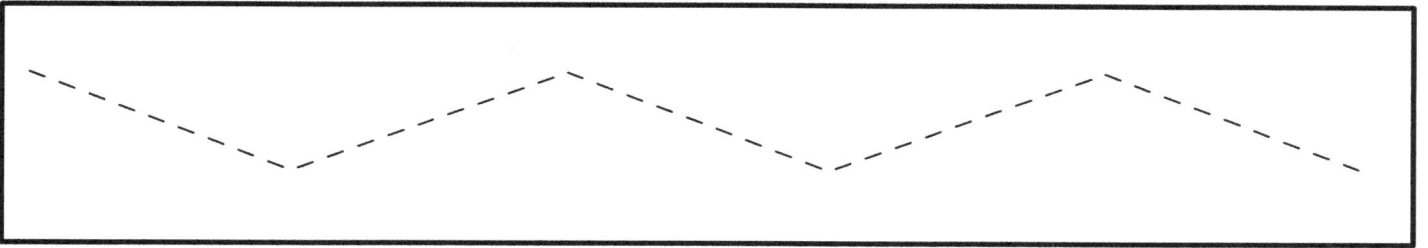

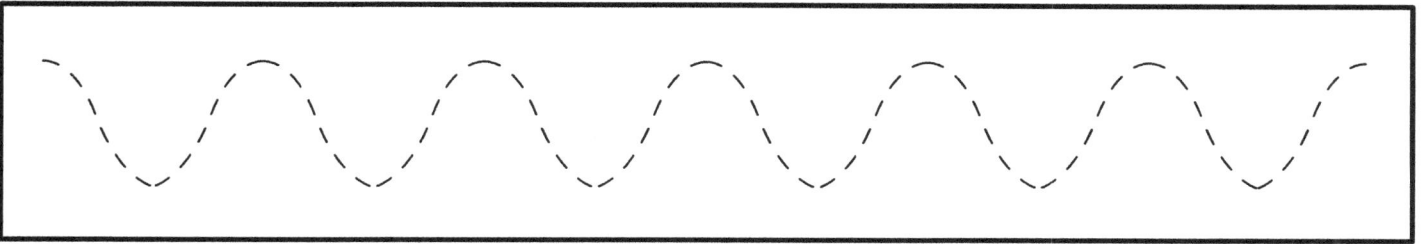

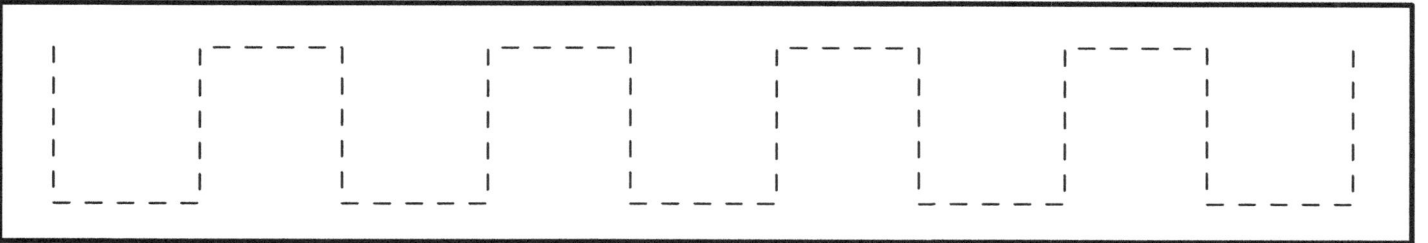

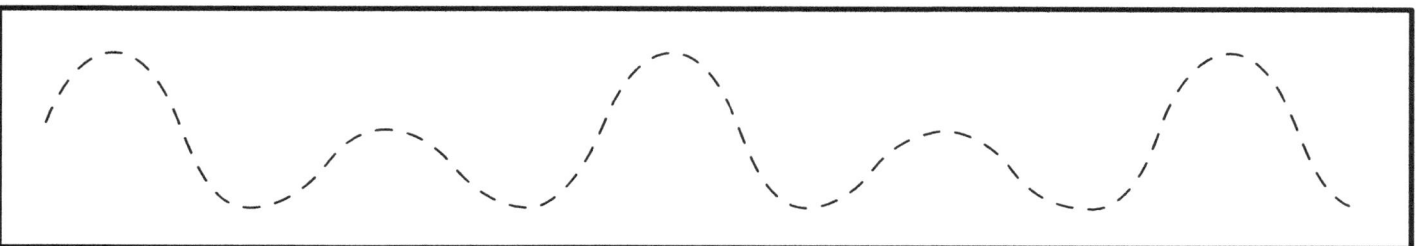

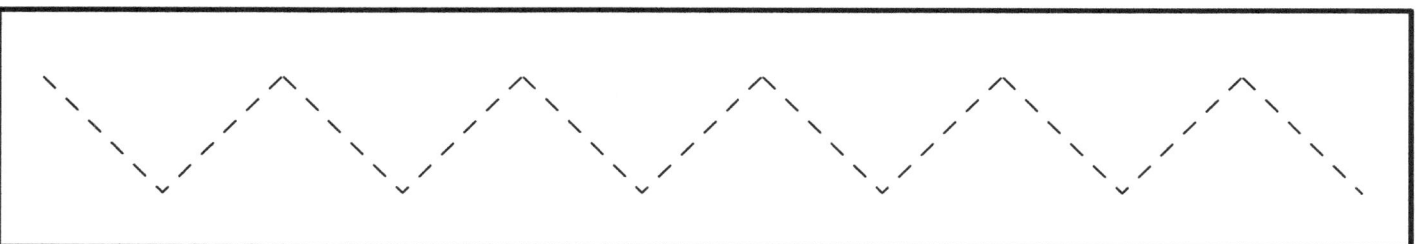

Trace the lines

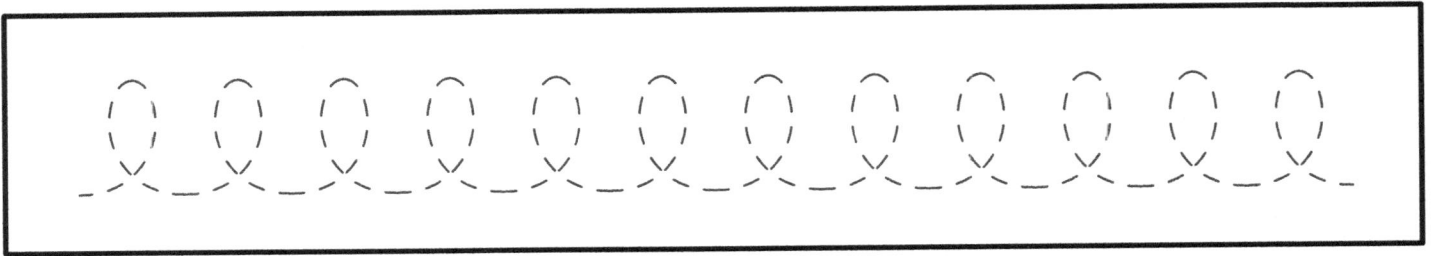

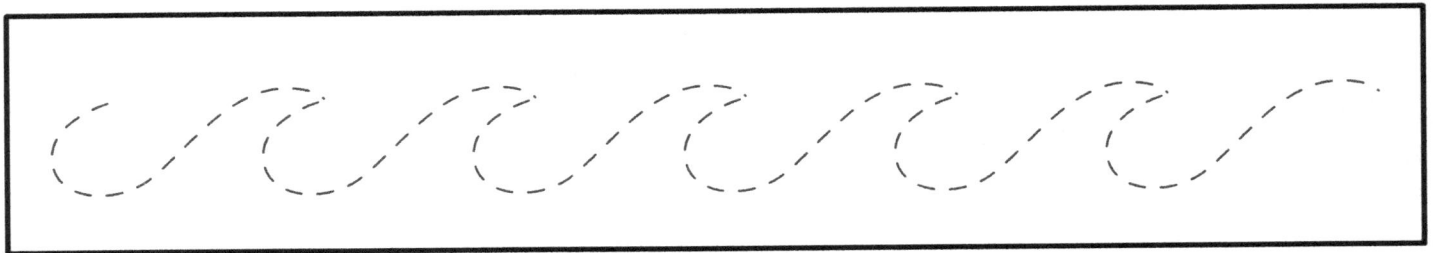

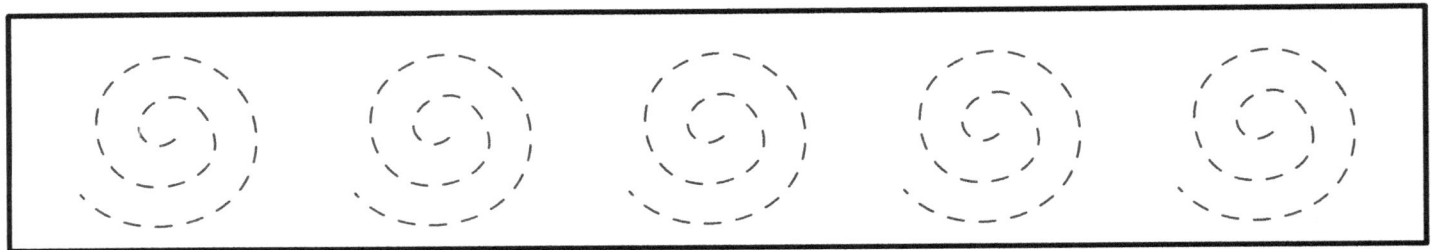

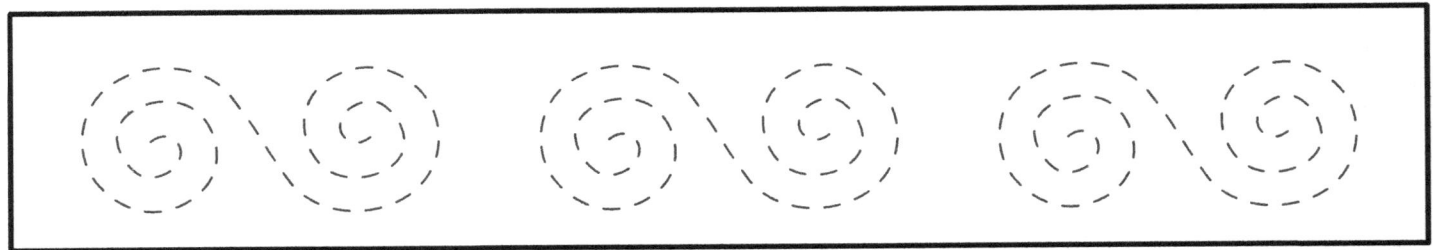

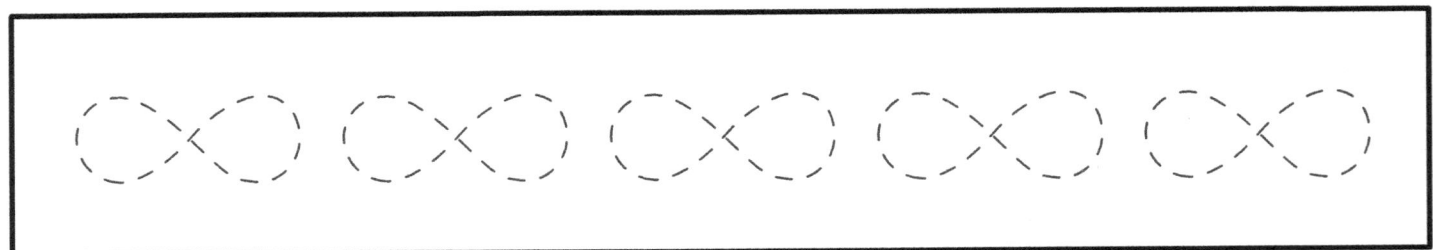

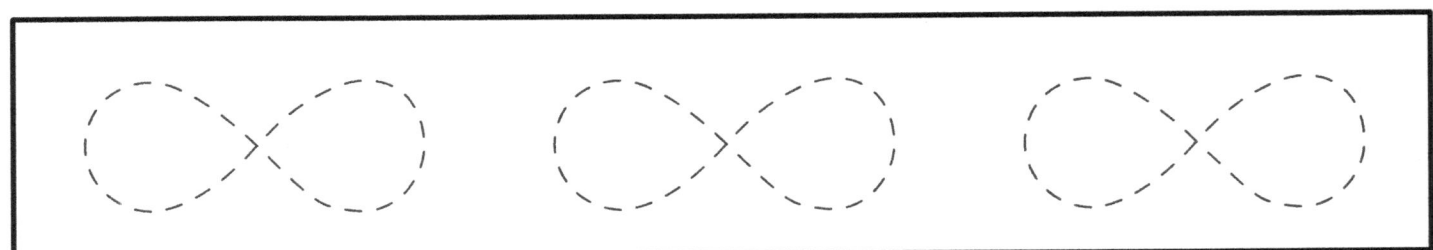

Trace the shapes

Square	
Rectangle	
Circile	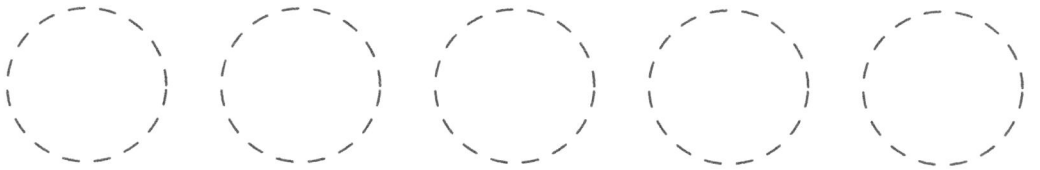
Oval	
Triangle	
Pentagon	

Trace the shapes

Star	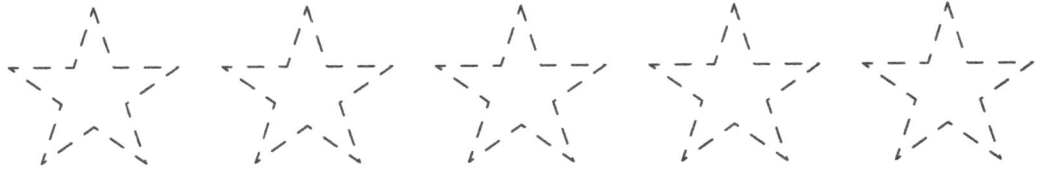
Heart	
Rhombus	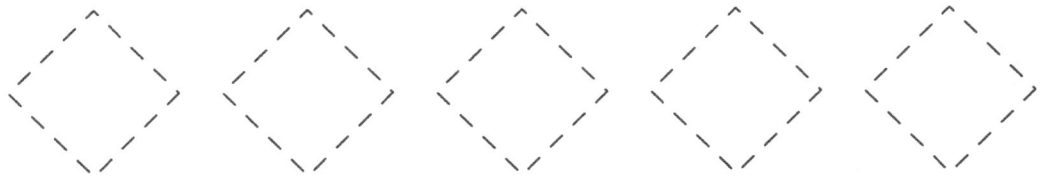
Hexagon	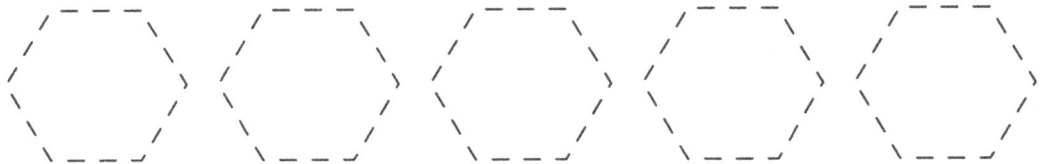
Semi circle	
Cone	

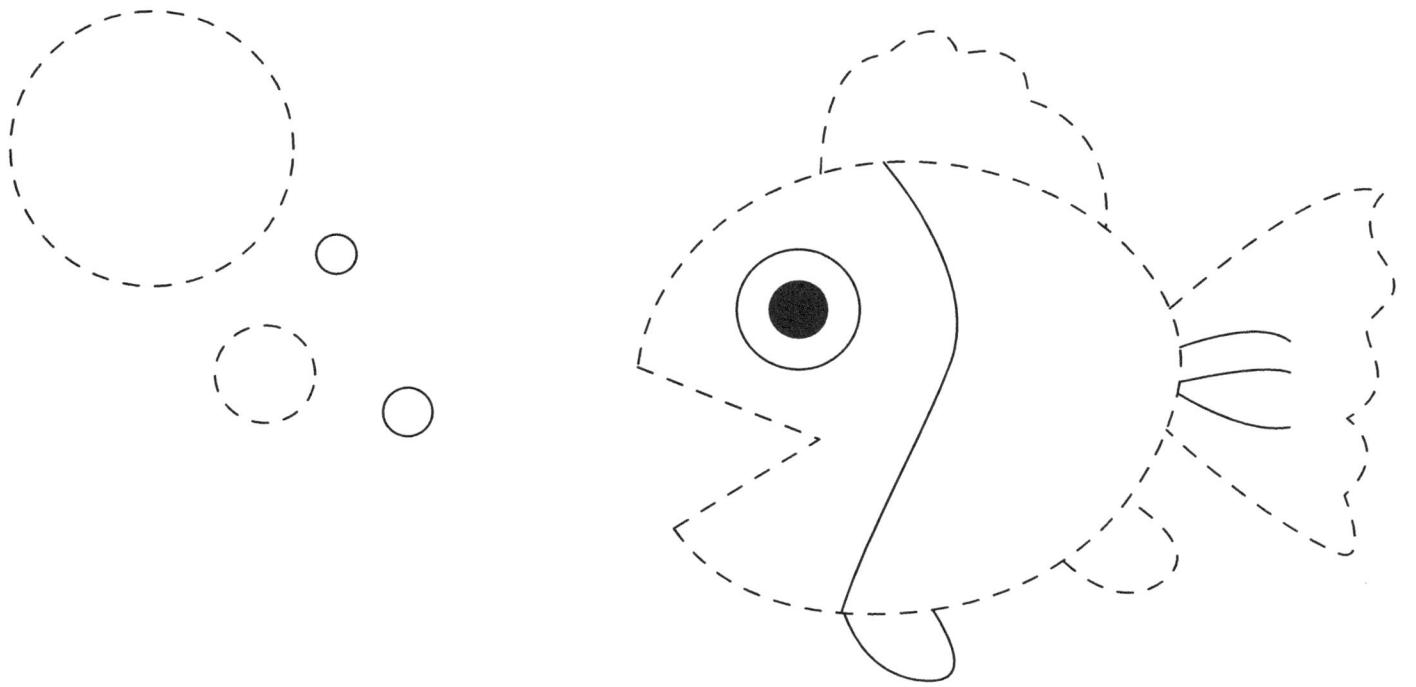

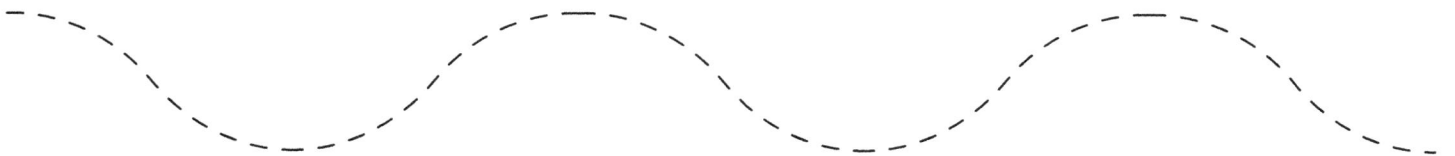

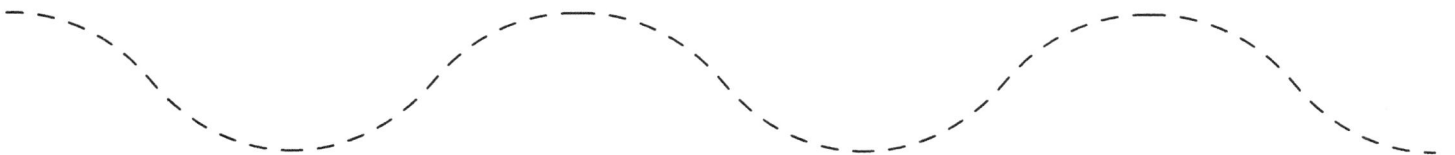

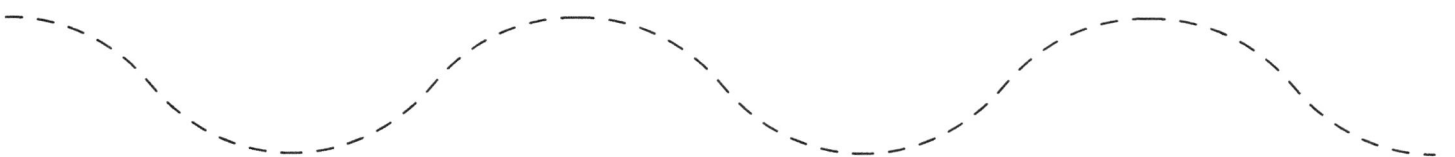

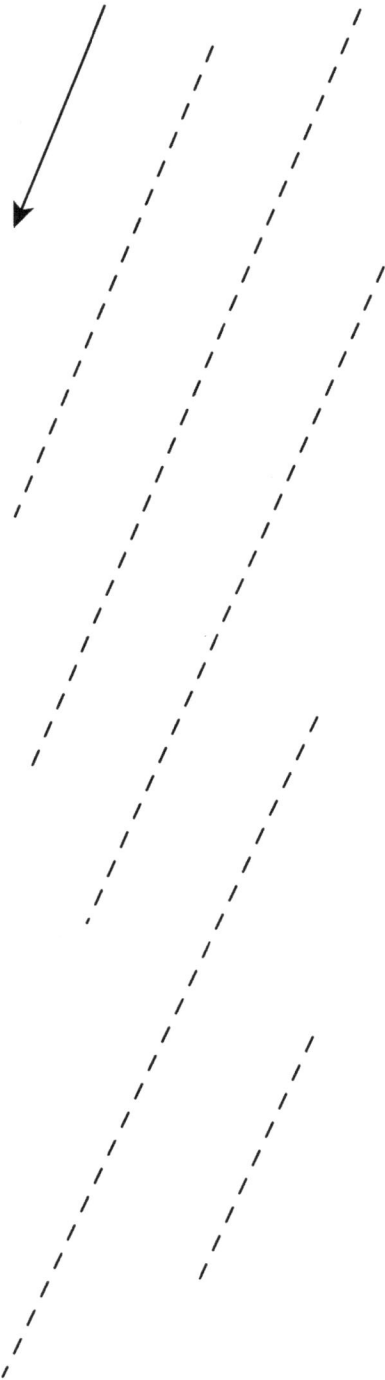

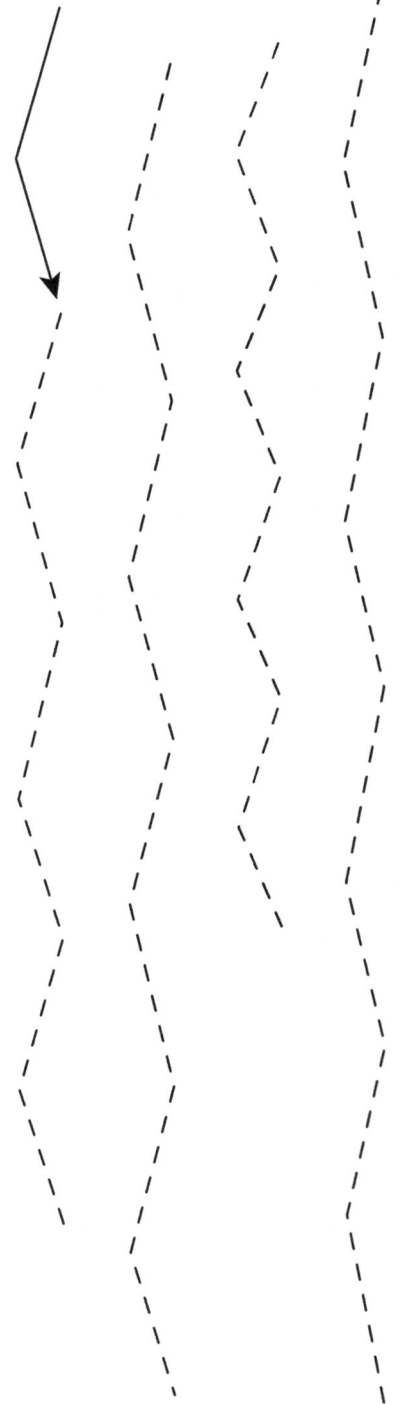

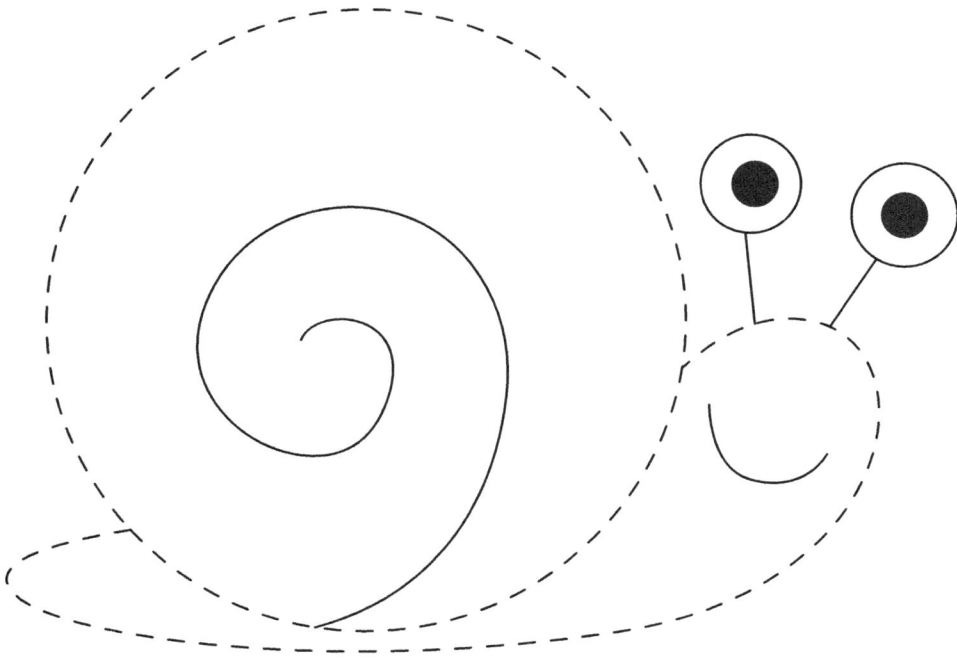

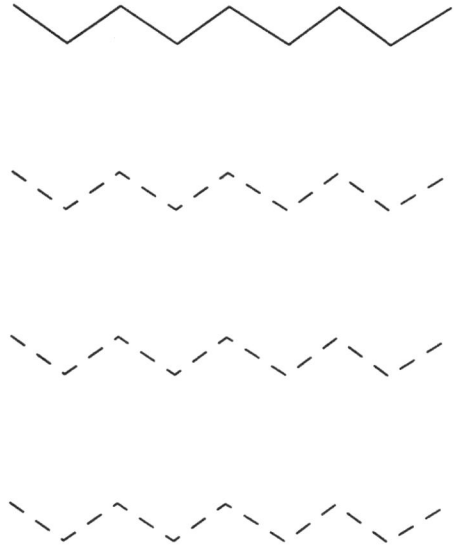

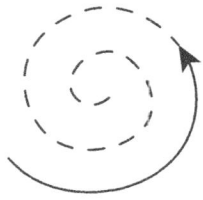

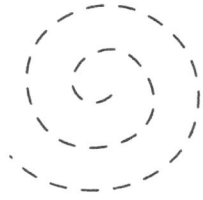

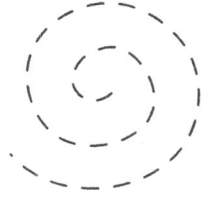

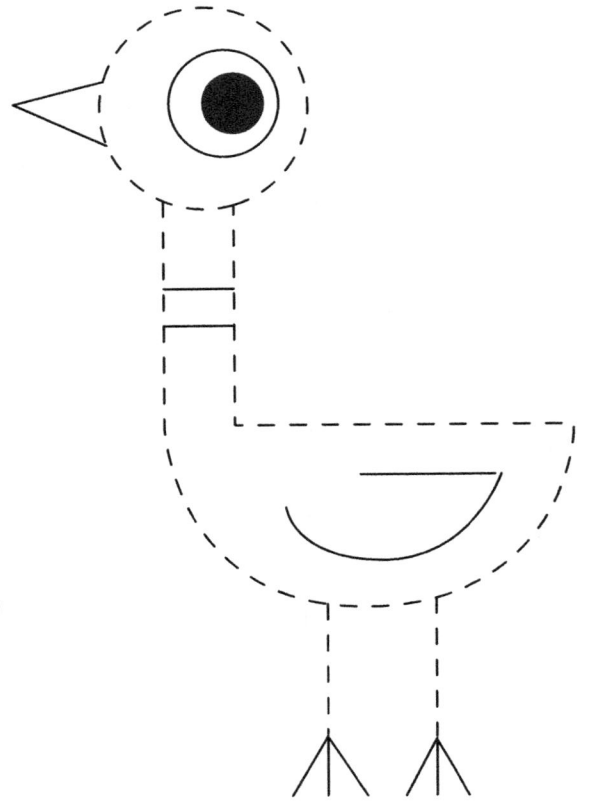

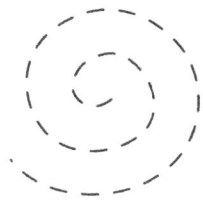

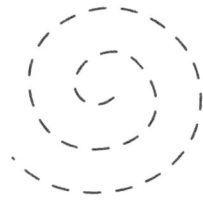

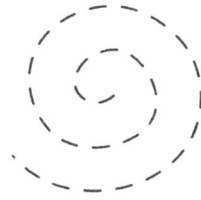

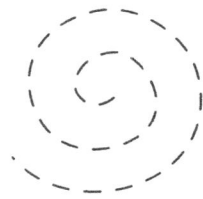

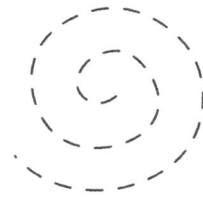

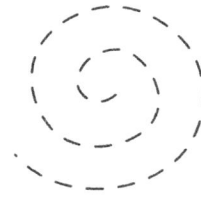

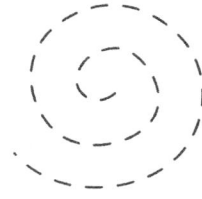

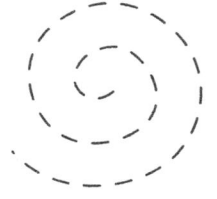

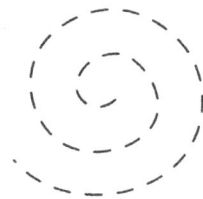

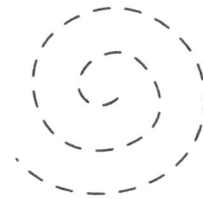

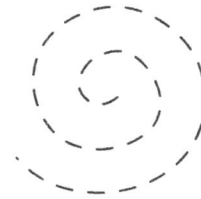

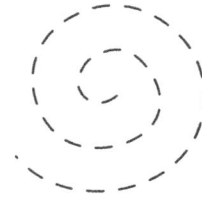

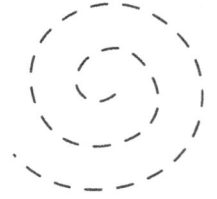

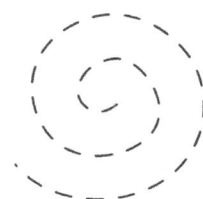

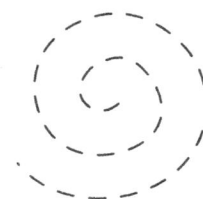

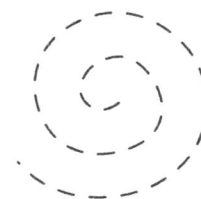

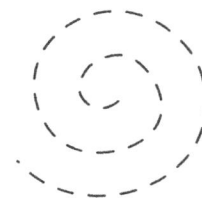

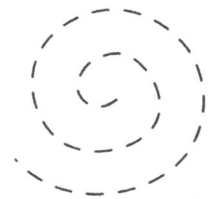

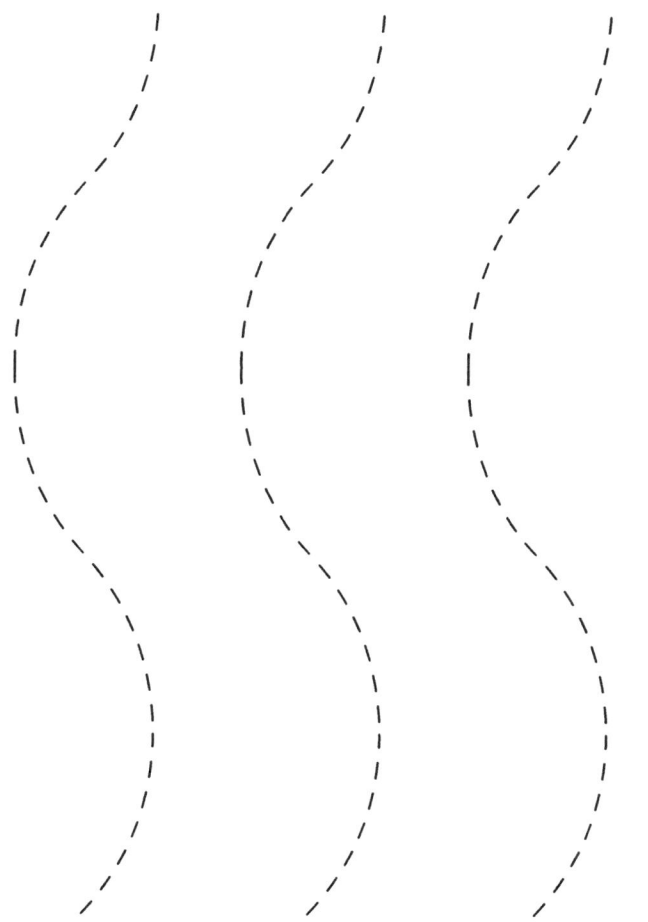

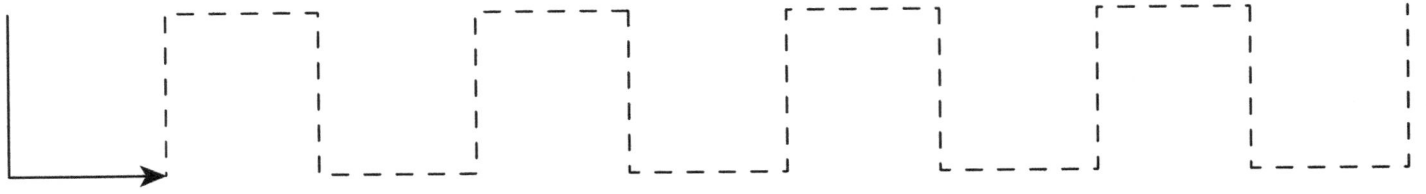

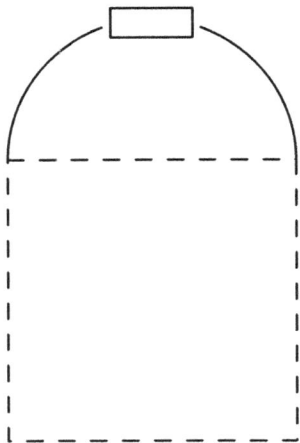

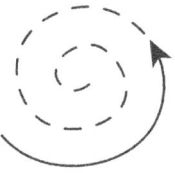

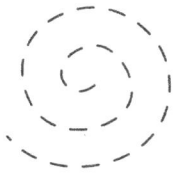

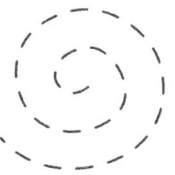

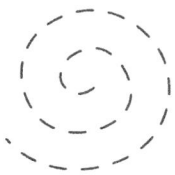

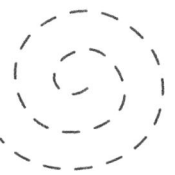

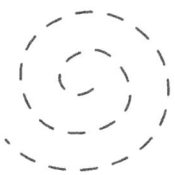

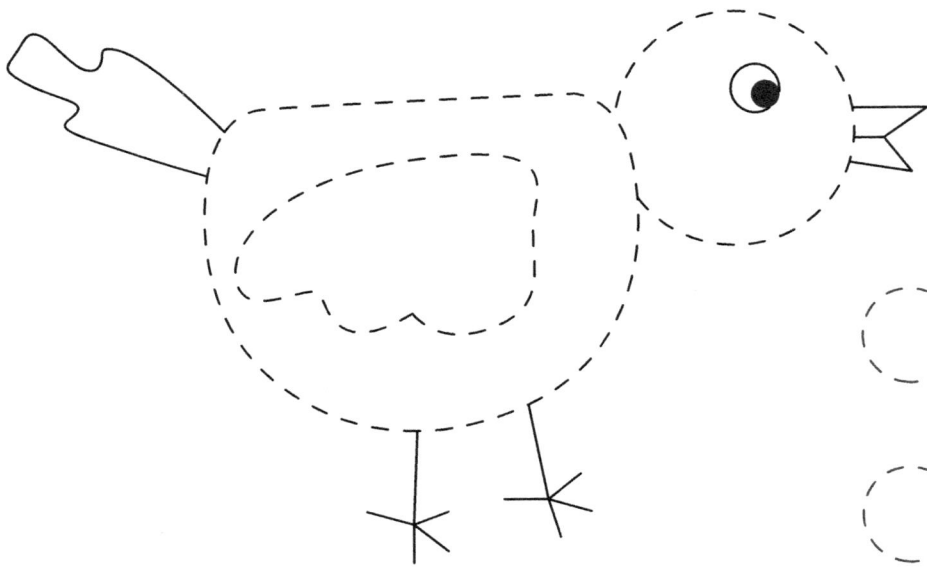

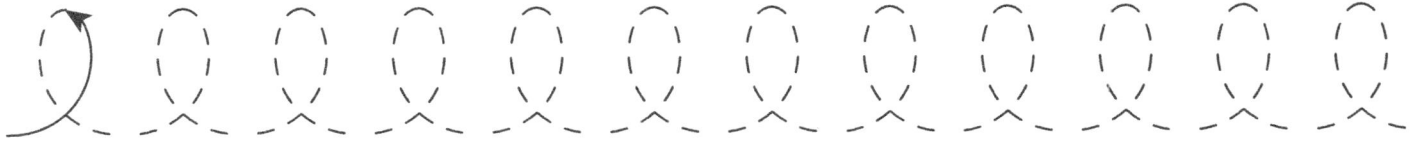

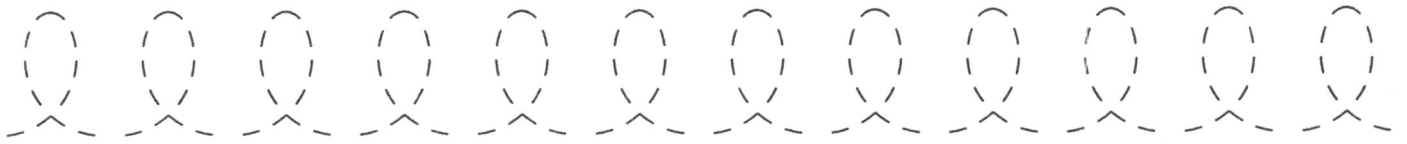

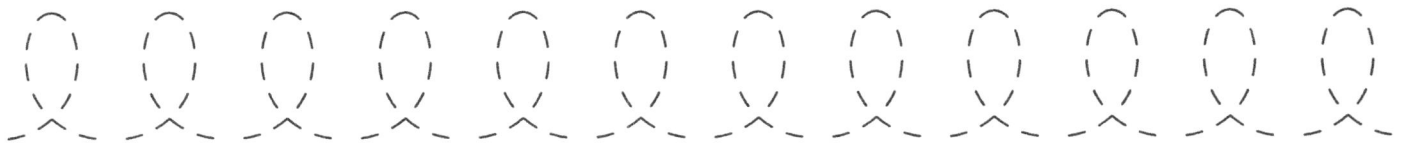

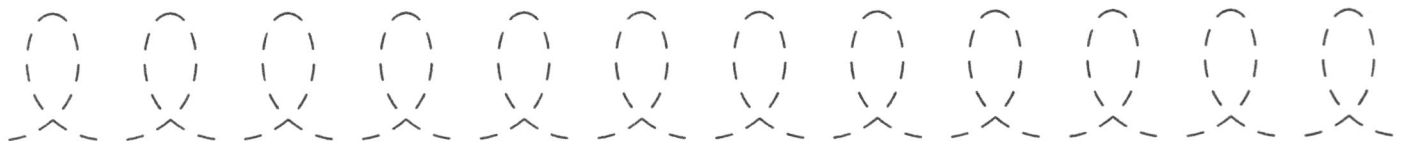

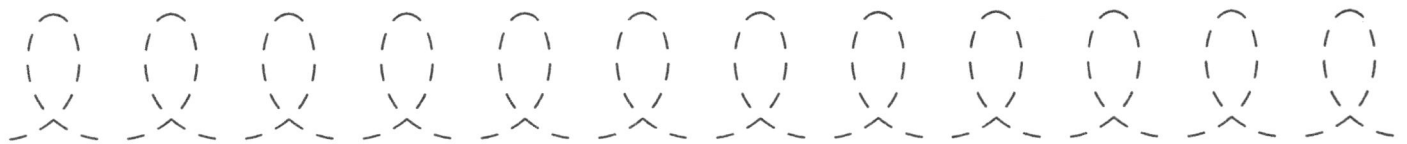

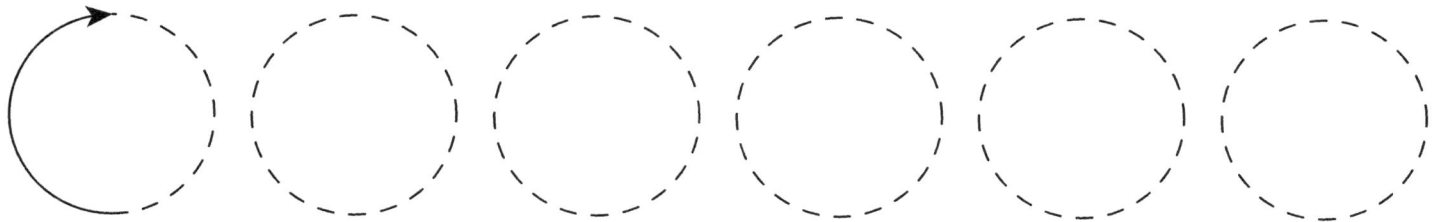

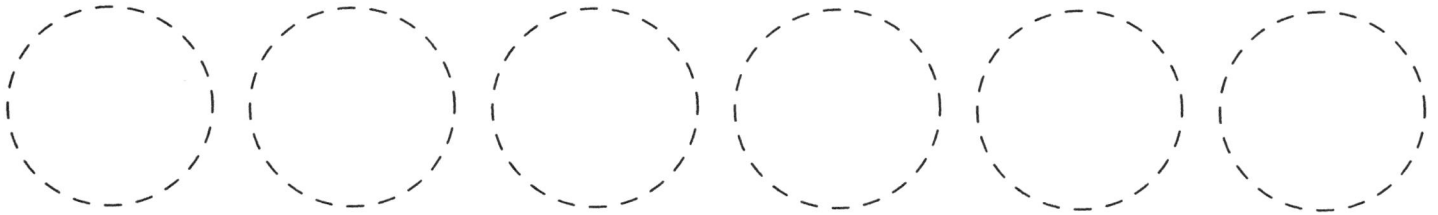

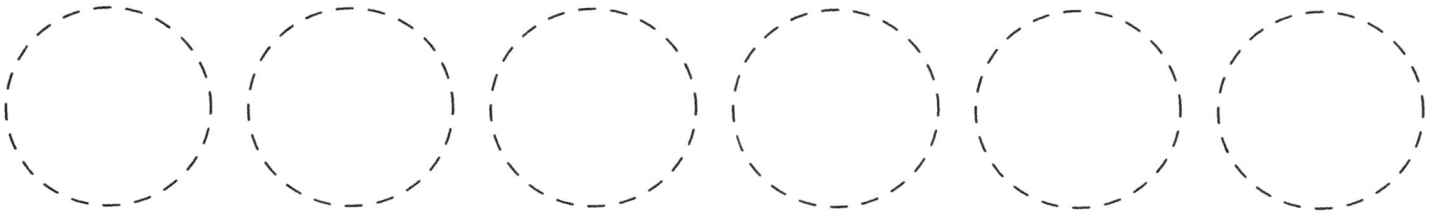

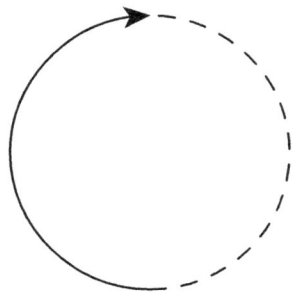

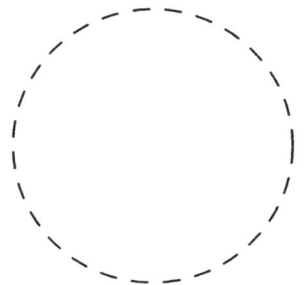

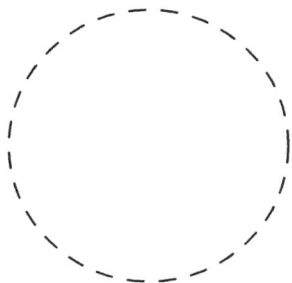

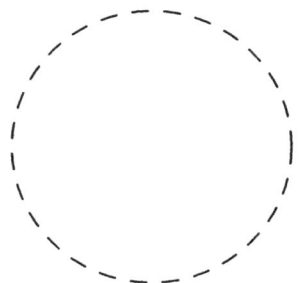

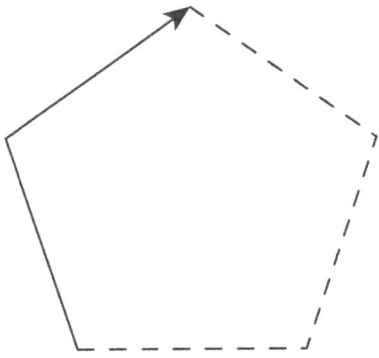

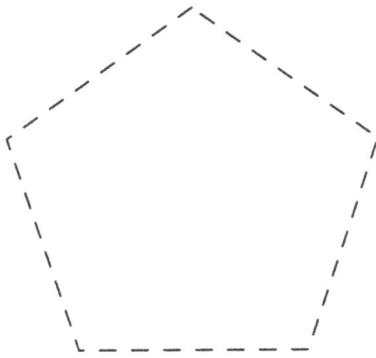

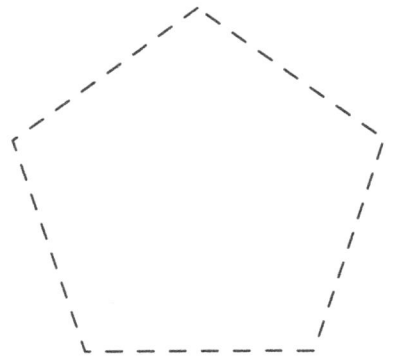

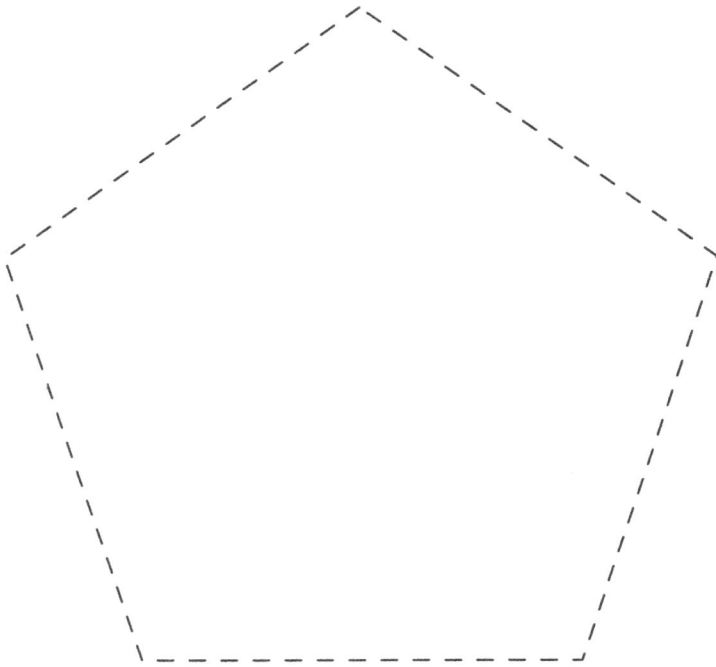

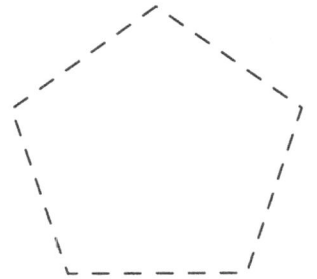

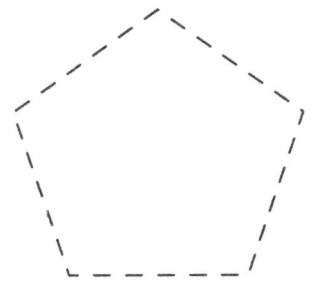

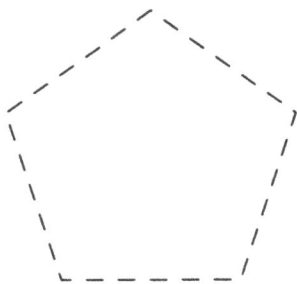

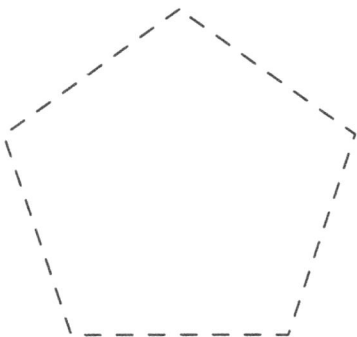

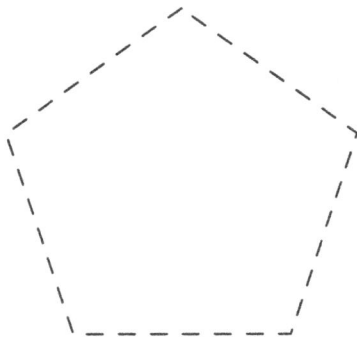

Practice

PRACTICE EVERYTHING YOU HAVE LEARNED

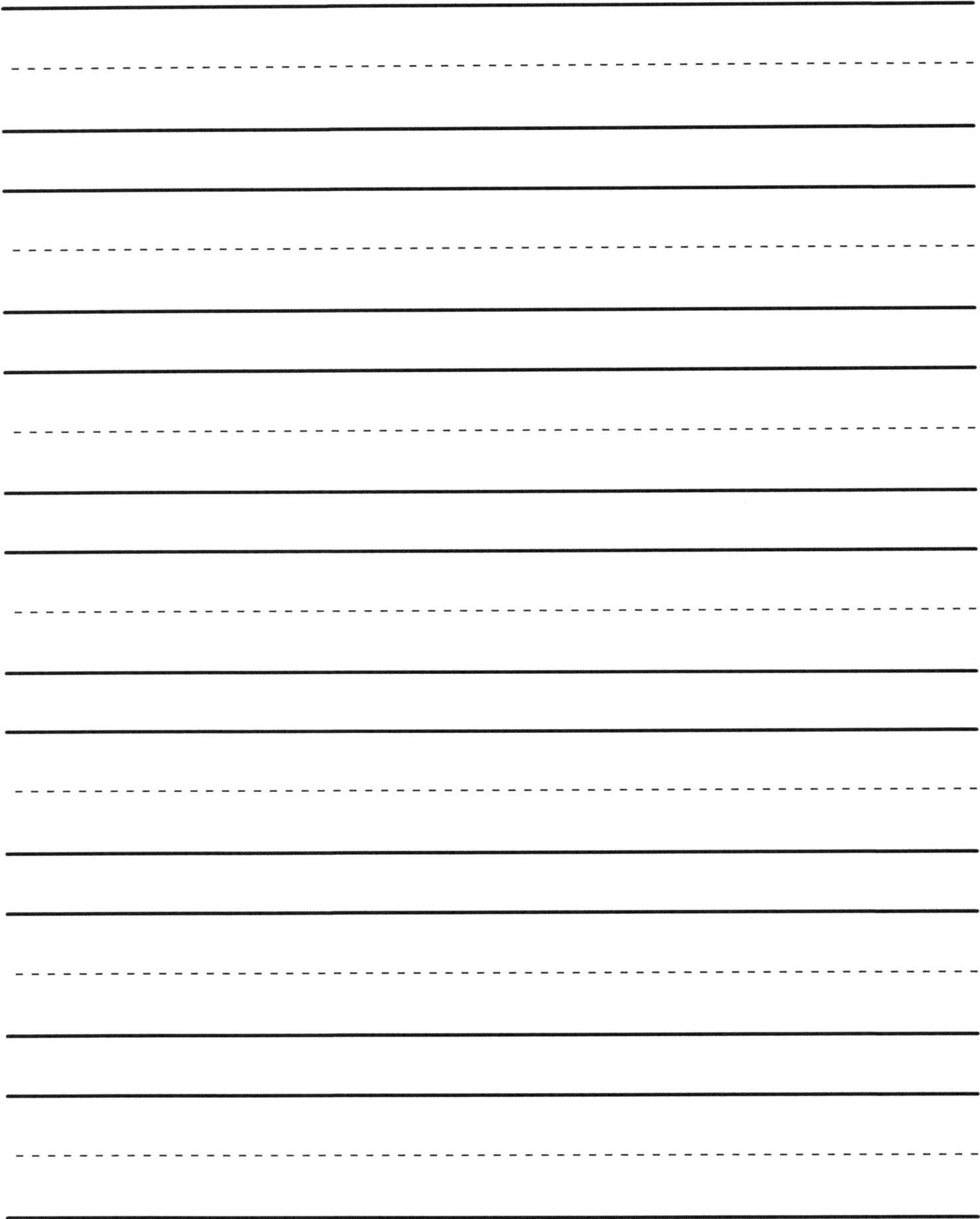

Made in the USA
Las Vegas, NV
15 September 2021